THIS BOOK BELONGS TO:

CONTENTS

HOW TO PLAY

Sudoku is 9x9 (classic, adult version), or 4x4 and 6x6 (kids versions) grid puzzle game.

In the adult version, the objective is to fill the 9×9 grid with digits so that each column, each row, and each of the nine 3×3 subgrids that compose the grid (also called "boxes", "blocks", or "regions") contain all of the digits from 1 to 9.

You are provided a partially completed puzzle to complete, with a single solution.

In the adult version, 4 difficulty levels can be found, Easy, Intermediate, Hard and Insane.

GRID - 1

8		5	9			4	2	3
6							1	5
1				5		9		
9			1	2			5	7
2		6		7				
4					3		8	
5			3	8		7		1
		8						9
3					7	5		8

Very Hard

	4							3
6			5			2	9	
		7			3	1		
1					2			8
3	2	9	8		6	4	7	
	8	4	3		9			
4		1					6	9
	6					8		7
	5	8	9		4		1	

GRID - 3

	8		5	7		3		
			2					7
7				3			6	
	2	1		4				8
8		5					3	
6	4			9		2		1
		4				1		
	7	3				6		5
1	6				7		2	4

Very Hard

5	4							7
				6			4	
7	6	9						
6		4	2	5				1
		8	6	9	1	4		2
2	1				4	5		
9			8					
	8			1	6			3
		6			3			4

GRID - 5

Very Hard

		2		9				1
	7		8	3		5		
	5	6	4		1		8	9
	3							
			5			3	1	
		1				4		
6		5		1	7	8		4
		8	6			9		3
	2				8		7	

Very Hard

						5	2	
	9	2	6	8	5	7		
5	7	4						8
4		7	3		1			
9						4		5
		3	5				7	
		1			6	9		
			4	3				6
			1	7	8	2		3

Very Hard

1	9				3			
			7					
				1	5			
		4	1		7	3		
	1			5				7
5	7	2				6	1	9
	5			9	2	4	7	
3	6	9	4			5		8
				8				1

GRID - 8

Very Hard

				8	3			7
	3					2		
5	8							3
	6	9	1					2
		5	7	9			3	6
	2				4			
6	5	8		2	1		7	
9		2				1		8
4			7	9		2		

Very Hard

9			3					
3	4	8				2		
								7
				6	2	3		9
			1			6	4	
4					8			1
1			5				2	3
7		2			3		6	4
6	3	9		4		1	5	

GRID - 10

Very Hard

					8		2	
5				9	1			
6	7		2			8	9	1
8	5	2		1			6	4
1	6	3	8	4		9		
4			6					3
2	1	5	9	7		3		8
								5
		6	5	8				

GRID - 11

		4	1	3	7	5	6	
1	5	8					7	
			5		1	9	2
4		3						
8	3		6					5
	9	7						
3		4			2			
			9	3		4	
		5	8	1		3	

Very Hard

			3	7				5
8			2		1			
5		1					6	
			8	1		9		6
9		8		6	3			4
		6		4			7	
			6		9	2		
6	8				4	5		
4	2		7	3				

Very Hard

	9	6		1				
	1	4				5		2
2	7							8
			4	6				
		2			3			
1			8	7			4	
9		1	5		6	7		
4	2		3				9	
3	6				9	4		1

Very Hard

2					9	6		3
		1		7	3	5		
7	6	3		5	2	8	1	
		7	2			3		
		9						4
	1							
			5					8
		5	1	2	7			6
9			3		8			1

Very Hard

1								4
		3		8				6
8			1	6	9		5	
		2					3	
			6	2				1
			3	7	8			9
2	6	8				9		
5			9		6			8
	9			3	2		6	5

Very Hard

3		4				1	9	
8			2	6			4	
		1		3				
	7				6			
1			5	7	9			
	5	8		1	4			
9					3	1		
		5	3	9	8			
	4	3	1	8	5	7		9

GRID - 17

Very Hard

	4						3	
2						4		6
6	1		3	2		7		9
4	8	2		3		9	7	
3	6						4	
		9	5			3		2
	2				1	5	8	
8		4				1	2	
			8		2		9	4

GRID - 18

			4	1		5		
				8			7	
6		5		7				9
			6				5	3
4		6		5		9	2	8
8			9		4	7	1	6
	9		2					7
1	3			6				
				5				4

GRID - 19

Very Hard

3								6
6	5	4	8				7	1
2	7				3			
			1	6				
		3						
			8		5			7
4		7	5		2	6		
9		2		4		7		5
5	6	1	9					4

Very Hard

		5	6				2	4
3				4	2	1		7
			5	3		9		8
1	5		2			8	7	9
	7			8		5		6
6			3					
		6	9					2
		2		1	6	7		
			7	2	8			

Very Hard

8	9	4			3	7		
7				4	8	3		
				7			9	
				9	6		3	
6					7	9		
		2				1	4	
1	8	9		5	4	2	7	
		7						8
		3	7	8		6		9

Very Hard

7	5				8			
9				1	6	7		
			7	5			1	
			1	2	9		7	
					5	3	9	
	9	8	4		7		2	
	4			6	3	1	8	
6					1	4		
5			8			9		

GRID - 23

	3						9	
5			3		8			
		1				4	2	
	4					7	3	2
7			9	6			4	1
1				7	2	9	8	6
4			5			2	1	
			2	8			7	
	8	2	7		4		5	

GRID - 24

Very Hard

6				1			8	
		1		3	8		7	
			5	6			4	
2			1			3		
	9			8	2		1	
3				5				
1			8		5			7
	2		6		3	1	5	
9		5	4	7				2

Very Hard

4			5	2		1	3	
1	5	2		8	3			6
		7	6	1		5	2	
	7	3						
9			2			7		5
6	4					3		2
3	6		9	7			5	
						2		7
	2				4			3

GRID - 26

Very Hard

		2						5
3	6		1		8			7
	8	9			2			
		1	9				7	
2		4	8		5	3		
	5	7		1		4		
		3		9	6		2	8
		6			7	1	4	
4	7	8			1			

GRID - 27

Very Hard

3								
		4			5			
1	5		8	2	4			
4			7			5	8	
2		5	1			6	9	7
	6					4	3	
	7			2	9	5	4	
8		5	9				1	3
	3		1					6

Very Hard

	6							
2								8
			7	5	4		6	9
	3		9	6		8		1
5					1	4	3	
	2		4	3	7	5		
4	1	3		8	6	9	7	
		9	1					
6						1		4

Very Hard

8			5		9			1
2		3		1	6		8	9
	9				4		5	
5		4		7				6
					5			3
				4		7		5
3			4		7	6		
					8		3	
	1	2		6	3		7	8

Very Hard

			7		3		2	6
6			1					
	9	3				4	5	1
	7	4						3
						5	4	9
	8							2
			9	6			1	4
	1	2	4	8		6		
	5		3	1	2			

Very Hard

8	7	5	9	1	6	4	2	3
6	4	9	7	3	2	8	1	5
1	3	2	4	5	8	9	7	6
9	8	3	1	2	4	6	5	7
2	1	6	8	7	5	3	9	4
4	5	7	6	9	3	1	8	2
5	2	4	3	8	9	7	6	1
7	6	8	5	4	1	2	3	9
3	9	1	2	6	7	5	4	8

GRID - 2 (Solution)

Very Hard

2	4	5	6	9	1	7	8	3
6	1	3	5	8	7	2	9	4
8	9	7	2	4	3	1	5	6
1	7	6	4	5	2	9	3	8
3	2	9	8	1	6	4	7	5
5	8	4	3	7	9	6	2	1
4	3	1	7	2	8	5	6	9
9	6	2	1	3	5	8	4	7
7	5	8	9	6	4	3	1	2

GRID - 3 (Solution)

Very Hard

4	8	6	5	7	9	3	1	2
5	3	9	2	6	1	8	4	7
7	1	2	4	3	8	5	6	9
3	2	1	6	4	5	7	9	8
8	9	5	7	1	2	4	3	6
6	4	7	8	9	3	2	5	1
2	5	4	9	8	6	1	7	3
9	7	3	1	2	4	6	8	5
1	6	8	3	5	7	9	2	4

GRID - 4 (Solution)

Very Hard

5	4	2	1	3	8	6	9	7
8	3	1	7	6	9	2	4	5
7	6	9	4	2	5	3	1	8
6	9	4	2	5	7	8	3	1
3	5	8	6	9	1	4	7	2
2	1	7	3	8	4	5	6	9
9	7	3	8	4	2	1	5	6
4	8	5	9	1	6	7	2	3
1	2	6	5	7	3	9	8	4

GRID - 5 (Solution)

Very Hard

8	4	2	7	9	5	6	3	1
1	7	9	8	3	6	5	4	2
3	5	6	4	2	1	7	8	9
5	3	7	1	6	4	2	9	8
2	6	4	5	8	9	3	1	7
9	8	1	2	7	3	4	6	5
6	9	5	3	1	7	8	2	4
7	1	8	6	4	2	9	5	3
4	2	3	9	5	8	1	7	6

Very Hard

1	6	8	7	4	3	5	2	9
3	9	2	6	8	5	7	1	4
5	7	4	9	1	2	3	6	8
4	5	7	3	6	1	8	9	2
9	1	6	8	2	7	4	3	5
2	8	3	5	9	4	6	7	1
8	3	1	2	5	6	9	4	7
7	2	5	4	3	9	1	8	6
6	4	9	1	7	8	2	5	3

GRID - 7 (Solution)

Very Hard

1	9	5	6	2	3	7	8	4
2	3	6	7	4	8	1	9	5
7	4	8	9	1	5	2	6	3
9	8	4	1	6	7	3	5	2
6	1	3	2	5	9	8	4	7
5	7	2	8	3	4	6	1	9
8	5	1	3	9	2	4	7	6
3	6	9	4	7	1	5	2	8
4	2	7	5	8	6	9	3	1

GRID - 8 (Solution)

Very Hard

2	9	4	6	8	3	5	1	7
7	3	6	9	1	5	2	8	4
5	8	1	2	4	7	9	6	3
8	6	9	1	3	4	7	5	2
1	4	5	7	9	2	8	3	6
3	2	7	5	6	8	4	9	1
6	5	8	4	2	1	3	7	9
9	7	2	3	5	6	1	4	8
4	1	3	8	7	9	6	2	5

Very Hard

9	6	7	3	2	4	8	1	5
3	4	8	7	5	1	2	9	6
2	1	5	6	8	9	4	3	7
5	7	1	4	6	2	3	8	9
8	9	3	1	7	5	6	4	2
4	2	6	9	3	8	5	7	1
1	8	4	5	9	6	7	2	3
7	5	2	8	1	3	9	6	4
6	3	9	2	4	7	1	5	8

GRID - 10 (Solution)

Very Hard

9	3	1	4	6	8	5	2	7
5	2	8	7	9	1	4	3	6
6	7	4	2	3	5	8	9	1
8	5	2	3	1	9	7	6	4
1	6	3	8	4	7	9	5	2
4	9	7	6	5	2	1	8	3
2	1	5	9	7	6	3	4	8
3	8	9	1	2	4	6	7	5
7	4	6	5	8	3	2	1	9

Very Hard

9	2	4	1	3	7	5	6	8
6	1	5	8	2	9	3	7	4
3	7	8	6	5	4	1	9	2
2	4	6	3	1	5	9	8	7
7	8	3	9	6	2	4	1	5
1	5	9	7	4	8	6	2	3
8	3	1	4	7	6	2	5	9
5	6	7	2	9	3	8	4	1
4	9	2	5	8	1	7	3	6

Very Hard

2	9	4	3	7	6	8	1	5
8	6	7	2	5	1	4	3	9
5	3	1	4	9	8	7	6	2
3	4	2	8	1	7	9	5	6
9	7	8	5	6	3	1	2	4
1	5	6	9	4	2	3	7	8
7	1	5	6	8	9	2	4	3
6	8	3	1	2	4	5	9	7
4	2	9	7	3	5	6	8	1

Very Hard

5	9	6	2	1	8	3	7	4
8	1	4	9	3	7	5	6	2
2	7	3	6	5	4	9	1	8
7	5	8	4	6	2	1	3	9
6	4	2	1	9	3	8	5	7
1	3	9	8	7	5	2	4	6
9	8	1	5	4	6	7	2	3
4	2	7	3	8	1	6	9	5
3	6	5	7	2	9	4	8	1

GRID - 14 (Solution)

Very Hard

2	5	4	8	1	9	6	7	3
8	9	1	6	7	3	5	4	2
7	6	3	4	5	2	8	1	9
6	4	7	2	8	1	3	9	5
5	2	9	7	3	6	1	8	4
3	1	8	9	4	5	2	6	7
1	3	6	5	9	4	7	2	8
4	8	5	1	2	7	9	3	6
9	7	2	3	6	8	4	5	1

Very Hard

1	2	6	7	5	3	8	9	4
9	5	3	2	8	4	7	1	6
8	4	7	1	6	9	3	5	2
6	8	2	4	9	1	5	3	7
3	7	9	6	2	5	4	8	1
4	1	5	3	7	8	6	2	9
2	6	8	5	1	7	9	4	3
5	3	1	9	4	6	2	7	8
7	9	4	8	3	2	1	6	5

Very Hard

3	2	4	7	5	8	1	9	6
8	9	7	2	6	1	5	4	3
5	6	1	4	3	9	2	7	8
4	7	9	8	2	3	6	5	1
1	3	6	5	7	4	9	8	2
2	5	8	9	1	6	4	3	7
9	8	2	6	4	7	3	1	5
7	1	5	3	9	2	8	6	4
6	4	3	1	8	5	7	2	9

GRID - 17 (Solution)

Very Hard

5	4	7	6	1	9	2	3	8
2	9	3	7	8	5	4	1	6
6	1	8	3	2	4	7	5	9
4	8	2	1	3	6	9	7	5
3	6	5	2	9	7	8	4	1
1	7	9	5	4	8	3	6	2
9	2	6	4	7	1	5	8	3
8	5	4	9	6	3	1	2	7
7	3	1	8	5	2	6	9	4

Very Hard

7	8	9	4	1	6	5	3	2
3	4	2	5	9	8	6	7	1
6	1	5	3	7	2	8	4	9
9	2	1	6	8	7	4	5	3
4	7	6	1	5	3	9	2	8
8	5	3	9	2	4	7	1	6
5	9	8	2	4	1	3	6	7
1	3	4	7	6	9	2	8	5
2	6	7	8	3	5	1	9	4

Very Hard

3	1	8	4	5	7	9	2	6
6	5	4	8	2	9	3	7	1
2	7	9	1	6	3	4	5	8
7	9	5	2	1	6	8	4	3
8	4	3	7	9	5	1	6	2
1	2	6	3	8	4	5	9	7
4	8	7	5	3	2	6	1	9
9	3	2	6	4	1	7	8	5
5	6	1	9	7	8	2	3	4

GRID - 20 (Solution)

Very Hard

8	1	5	6	9	7	3	2	4
3	6	9	8	4	2	1	5	7
4	2	7	5	3	1	9	6	8
1	5	3	2	6	4	8	7	9
2	7	4	1	8	9	5	3	6
6	9	8	3	7	5	2	4	1
7	8	6	9	5	3	4	1	2
9	3	2	4	1	6	7	8	5
5	4	1	7	2	8	6	9	3

GRID - 21 (Solution)

Very Hard

8	9	4	5	6	3	7	2	1
7	2	1	9	4	8	3	6	5
3	5	6	1	7	2	8	9	4
4	1	8	2	9	6	5	3	7
6	3	5	4	1	7	9	8	2
9	7	2	8	3	5	1	4	6
1	8	9	6	5	4	2	7	3
5	6	7	3	2	9	4	1	8
2	4	3	7	8	1	6	5	9

GRID - 22 (Solution)

Very Hard

7	5	1	2	9	8	6	4	3
9	2	4	3	1	6	7	5	8
8	3	6	7	5	4	2	1	9
3	6	5	1	2	9	8	7	4
4	7	2	6	8	5	3	9	1
1	9	8	4	3	7	5	2	6
2	4	7	9	6	3	1	8	5
6	8	9	5	7	1	4	3	2
5	1	3	8	4	2	9	6	7

GRID - 23 (Solution)

Very Hard

2	3	6	1	4	7	8	9	5
5	9	4	3	2	8	1	6	7
8	7	1	6	9	5	4	2	3
6	4	9	8	5	1	7	3	2
7	2	8	9	6	3	5	4	1
1	5	3	4	7	2	9	8	6
4	6	7	5	3	9	2	1	8
9	1	5	2	8	6	3	7	4
3	8	2	7	1	4	6	5	9

Very Hard

6	7	2	9	1	4	5	8	3
4	5	1	2	3	8	6	7	9
8	3	9	5	6	7	2	4	1
2	8	7	1	4	6	3	9	5
5	9	4	3	8	2	7	1	6
3	1	6	7	5	9	4	2	8
1	4	3	8	2	5	9	6	7
7	2	8	6	9	3	1	5	4
9	6	5	4	7	1	8	3	2

Very Hard

4	9	6	5	2	7	1	3	8
1	5	2	4	8	3	9	7	6
8	3	7	6	1	9	5	2	4
2	7	3	8	4	5	6	1	9
9	8	1	2	3	6	7	4	5
6	4	5	7	9	1	3	8	2
3	6	8	9	7	2	4	5	1
5	1	4	3	6	8	2	9	7
7	2	9	1	5	4	8	6	3

GRID - 26 (Solution)

Very Hard

7	4	2	6	3	9	8	1	5
3	6	5	1	4	8	2	9	7
1	8	9	7	5	2	6	3	4
8	3	1	9	6	4	5	7	2
2	9	4	8	7	5	3	6	1
6	5	7	2	1	3	4	8	9
5	1	3	4	9	6	7	2	8
9	2	6	5	8	7	1	4	3
4	7	8	3	2	1	9	5	6

GRID - 27 (Solution)

Very Hard

3	7	8	9	6	1	2	4	5
9	2	4	7	3	5	1	6	8
1	5	6	8	2	4	3	7	9
4	3	1	6	7	9	5	8	2
2	8	5	1	4	3	6	9	7
7	6	9	2	5	8	4	3	1
6	1	7	3	8	2	9	5	4
8	4	2	5	9	6	7	1	3
5	9	3	4	1	7	8	2	6

Very Hard

9	6	7	2	1	8	3	4	5
2	4	5	6	9	3	7	1	8
3	8	1	7	5	4	2	6	9
7	3	4	9	6	5	8	2	1
5	9	6	8	2	1	4	3	7
1	2	8	4	3	7	5	9	6
4	1	3	5	8	6	9	7	2
8	7	9	1	4	2	6	5	3
6	5	2	3	7	9	1	8	4

Very Hard

8	4	7	5	3	9	2	6	1
2	5	3	7	1	6	4	8	9
1	9	6	2	8	4	3	5	7
5	3	4	8	7	2	1	9	6
7	2	1	6	9	5	8	4	3
9	6	8	3	4	1	7	2	5
3	8	9	4	5	7	6	1	2
6	7	5	1	2	8	9	3	4
4	1	2	9	6	3	5	7	8

GRID - 30 (Solution)

Very Hard

1	4	8	7	5	3	9	2	6
6	2	5	1	4	9	3	8	7
7	9	3	8	2	6	4	5	1
2	7	4	5	9	1	8	6	3
3	6	1	2	7	8	5	4	9
5	8	9	6	3	4	1	7	2
8	3	7	9	6	5	2	1	4
9	1	2	4	8	7	6	3	5
4	5	6	3	1	2	7	9	8

HOW TO PLAY

The aim is to find your way to the exit after entering the maze. You can use your finger or a pen or pencil to trace your path through the maze.

Very Hard

Very Hard

Very Hard

Very Hard

Very Hard

Very Hard

MAZE - 20

Very Hard

Very Hard

Very Hard

Very Hard

Very Hard

Very Hard

Very Hard

Very Hard

Very Hard

Very Hard

HOW TO PLAY

A word search puzzle is a word game that consists of the letters of words placed in a grid, which usually has a rectangular or square shape.

The objective of this puzzle is to find and mark all the words hidden inside the box.

The words may be placed horizontally, vertically, or diagonally.

Often a list of the hidden words is provided, but more challenging puzzles may not provide a list.

Many word search puzzles have a theme to which all the hidden words are related such as food, animals, or colors.

TITLE 1

```
N U C H B I C D K N E J M U H L V X C I C M V Z Q F P
A M T I A Q B Q Z K P W Q I Q D N P H A P L A B P F T
X V R I E U K P I A V W K S O D W K P L M E H O P T O
W W B C R V F D O I R T U A T G M I B B O O P E D V B
I M W H U O E M O C L E W A K J T W L V E U F M W X O
N N T C E N W L X D J K I A A A C L G E I B T F D N W
Q R V F W R H F C P K D T A I Q U Z R J C P W U Z D T
E O W P N R I E B K U P R N T F E I G E I D R N B S O
K W X Q F S S A R V T Q T P P X W O B H K F E F B W T
N V C I U E R H N U H J U L Q O G R X M U W Z J O F B
T E S B P B V G G B O P E Z C T M A R J G X Z V X A J
C V T A D C G I X R I H B E F D N N X A V M W R J B C
P K M V E Q Z R F R E C H S F Q M G E G O P D E R V R
G E K D L N K R D N R E E B P V H E J B F Q V X L J Q
Q S R W A K A Z D S G H N C A M O G A X F U Z K Q G P
H H U F M D P C R F Y M F L Q E Z M C J V S C V V D D
N I R L V K V C G J E A Z O I U W A U R L C M W X S H
Z M L J R U O F K W Q S W E G E D E E M A L T J X P R
K C B G R P G S H K J X Z L C X Z U N L I G W T C P G
T C I N E M A N J P P W Z Q A Q V H X E X K M N N R O
B K K U V W L I J R X M V N F A H H B V V B U A C S L
R P O E S B P S X I S Q X L T B O D S X K I L H H T W
F O R E E A D H V Z G Z B J S Z E W N W S R G P G H I
P R O E R C R N R L Q X R O T N A H P E L E R E F Q U
X U D P F E R X I U O F X B G P V D J A B T X L M R L
H F F M P G P T G F W W J C F H W J B U T V C E E O H
N L L D J Z O D N A H P U T H W K R P M K I E K H N R
```

Always	Elephant	go	Red
Barb	find	Green	six
Capitain	five	hand	ten
Cinema	four	Helpfull	two
Elephant	give	Orange	Welcome

TITLE 2

C	Z	I	B	I	F	G	R	E	E	N	J	S	V	U	A	K	E	W	V	K	L	I	N	Z	C	J
O	G	H	O	P	B	B	A	R	P	Z	Z	E	O	R	A	N	G	E	T	F	L	M	X	V	M	A
R	M	K	A	F	R	U	U	G	U	T	Z	M	V	K	V	O	C	E	X	O	H	C	G	J	U	D
M	U	H	P	Z	D	G	B	X	C	O	C	X	M	W	D	I	B	J	P	F	A	R	B	B	A	U
Q	B	N	J	X	H	W	Q	W	S	H	F	E	S	J	P	X	V	F	P	P	X	G	G	V	D	F
W	B	T	B	V	O	X	T	R	R	Z	E	E	U	F	J	S	D	L	I	V	X	Z	T	M	O	V
T	J	K	W	Z	T	F	L	B	F	I	G	W	E	M	I	I	R	T	F	X	D	L	M	K	P	A
X	P	F	Q	E	A	B	T	T	K	L	R	F	X	S	I	V	A	Z	I	J	W	Q	J	F	F	M
Q	P	L	P	K	A	W	B	B	L	M	H	U	R	M	D	I	E	B	O	L	N	H	X	O	T	I
T	Q	B	P	U	J	G	Q	Q	A	S	H	E	U	O	N	C	N	T	C	Q	F	I	N	D	H	L
N	V	U	J	V	O	F	S	Q	C	R	Q	M	F	Q	I	B	A	W	I	B	B	D	C	O	L	O
G	N	X	O	B	D	S	I	B	W	T	B	O	V	G	L	X	D	M	S	H	Q	Q	J	Z	L	L
F	Z	M	D	P	O	P	X	A	W	K	J	C	O	M	L	D	O	B	J	S	F	R	S	X	P	M
O	D	X	M	Q	I	W	S	I	S	Z	Z	L	I	J	U	W	A	H	A	L	K	X	A	I	U	P
B	I	E	Q	R	C	T	U	Y	S	J	P	E	D	T	F	F	J	Z	O	P	B	V	J	U	L	A
P	W	A	G	F	S	J	A	X	A	I	F	W	X	B	P	N	P	I	L	M	O	J	I	J	V	Z
E	P	Q	R	Z	E	W	S	U	D	W	H	L	V	X	L	Z	I	M	G	Z	I	R	K	U	Z	E
F	T	J	N	G	L	G	N	O	M	T	G	A	R	B	E	T	E	T	E	X	L	K	E	R	B	F
L	R	F	K	A	X	B	I	P	G	A	R	A	W	E	H	P	T	W	K	L	M	S	W	N	N	R
V	R	B	I	H	R	S	W	V	G	B	S	N	L	M	D	N	A	H	Z	E	W	H	N	D	E	H
U	U	Q	H	P	U	T	D	A	E	G	V	W	V	C	R	A	G	J	W	D	E	U	F	M	T	W
U	R	S	B	H	M	O	Q	E	M	Z	I	W	I	S	E	Z	C	B	D	O	A	H	A	L	K	I
O	F	U	X	B	F	E	T	W	O	X	A	N	L	I	D	J	Q	U	M	I	V	R	C	Q	X	J
G	Q	Q	X	H	X	H	D	W	V	L	E	Z	M	O	J	N	V	J	R	H	U	K	X	V	Q	Z
N	C	G	L	J	E	K	L	R	V	M	M	Q	G	Z	L	E	E	N	Q	A	V	K	S	W	M	K
L	B	S	Z	C	J	O	P	O	A	H	X	B	K	A	P	C	Z	F	I	R	Z	I	J	H	V	S
A	C	U	P	A	D	Q	R	U	N	P	B	L	H	L	X	F	O	W	S	E	E	H	I	K	P	I

Always	five	hand	ten
Barb	four	Helpfull	two
Capitain	give	Orange	Welcome
Cinema	go	Red	
find	Green	six	

TITLE 1 (Solution)

N	U	C	H	B	I	C	D	K	N	E	J	M	U	H	L	V	X	C	I	C	M	V	Z	Q	F	P
A	M	T	I	A	Q	B	Q	Z	K	P	W	Q	I	Q	D	N	P	H	A	P	L	A	B	P	F	T
X	V	R	I	E	U	K	P	I	A	V	W	K	S	O	D	W	K	P	L	M	E	H	O	P	T	O
W	W	B	C	R	V	F	D	O	I	R	T	U	A	T	G	M	I	B	B	O	O	P	E	D	V	B
I	M	W	H	U	O	E	M	O	C	L	E	W	A	K	J	T	W	L	V	E	U	F	M	W	X	O
N	N	T	C	E	N	W	L	X	D	J	K	I	A	A	A	C	L	G	E	I	B	T	F	D	N	W
Q	R	V	F	W	R	H	F	C	P	K	D	T	A	I	O	U	Z	R	J	C	P	W	U	Z	D	T
E	O	W	P	N	R	I	E	B	K	U	P	R	N	T	F	E	I	G	E	I	D	R	N	B	S	O
K	W	X	Q	F	S	S	A	R	V	T	Q	T	P	P	X	W	O	B	H	K	F	E	F	B	W	T
N	V	C	I	U	E	R	H	N	U	H	J	U	L	Q	O	G	R	X	M	U	W	Z	J	O	F	B
T	E	S	B	P	B	V	G	G	B	O	P	E	Z	C	T	M	A	R	J	G	X	Z	V	X	A	J
C	V	T	A	D	C	G	I	X	R	I	H	B	E	F	D	N	N	X	A	V	M	W	R	J	B	C
P	K	M	V	E	Q	Z	R	F	R	E	C	H	S	F	Q	M	G	E	G	O	P	D	E	R	V	R
G	E	K	D	L	N	K	R	D	N	R	E	E	B	P	V	H	E	J	B	F	Q	V	X	L	J	Q
Q	S	R	W	A	K	A	Z	D	S	G	H	N	C	A	M	O	G	A	X	F	U	Z	K	Q	G	P
H	H	U	F	M	D	P	C	R	F	Y	M	F	L	Q	E	Z	M	C	J	V	S	C	V	V	D	D
N	I	R	L	V	K	V	C	G	J	E	A	Z	O	I	U	W	A	U	R	L	C	M	W	X	S	H
Z	M	L	J	R	U	O	F	K	W	Q	S	W	E	G	E	D	E	E	M	A	L	T	J	X	P	R
K	C	B	G	R	P	G	S	H	K	J	X	Z	L	C	X	Z	U	N	L	I	G	W	T	C	P	G
T	C	I	N	E	M	A	N	J	P	P	W	Z	Q	A	Q	V	H	X	E	X	K	M	N	N	R	O
B	K	K	U	V	W	L	I	J	R	X	M	V	N	F	A	H	H	B	V	V	B	U	A	C	S	L
R	P	O	E	S	B	P	S	X	I	S	Q	X	L	T	B	O	D	S	X	K	I	L	H	H	T	W
F	O	R	E	E	A	D	H	V	Z	G	Z	B	J	S	Z	E	W	N	W	S	R	G	P	G	H	I
P	R	O	E	R	C	R	N	R	L	Q	X	R	O	T	N	A	H	P	E	L	E	R	E	F	Q	U
X	U	D	P	F	E	R	X	I	U	O	F	X	B	G	P	V	D	J	A	B	T	X	L	M	R	L
H	F	F	M	P	G	P	T	G	F	W	W	J	C	F	H	W	J	B	U	T	V	C	E	E	O	H
N	L	L	D	J	Z	O	D	N	A	H	P	U	T	H	W	K	R	P	M	K	I	E	K	H	N	R

Always	Elephant	go	Red
Barb	find	Green	six
Capitain	five	hand	ten
Cinema	four	Helpfull	two
Elephant	give	Orange	Welcome

TITLE 2 (Solution)

C	Z	I	B	I	F	G	R	E	E	N	J	S	V	U	A	K	E	W	V	K	L	I	N	Z	C	J
O	G	H	O	P	B	B	A	R	P	Z	Z	E	O	R	A	N	G	E	T	F	L	M	X	V	M	A
R	M	K	A	F	R	U	U	G	U	T	Z	M	V	K	V	O	C	E	X	O	H	C	G	J	U	D
M	U	H	P	Z	D	G	B	X	C	O	C	X	M	W	D	I	B	J	P	F	A	R	B	B	A	U
Q	B	N	J	X	H	W	Q	W	S	H	F	E	S	J	P	X	V	F	P	P	X	G	G	V	D	F
W	B	T	B	V	O	X	T	R	R	Z	E	E	U	F	J	S	D	L	I	V	X	Z	T	M	O	V
T	J	K	W	Z	T	F	L	B	F	I	G	W	E	M	I	I	R	T	F	X	D	L	M	K	P	A
X	P	F	Q	E	A	B	T	T	K	L	R	F	X	S	I	V	A	Z	I	J	W	Q	J	F	F	M
Q	P	L	P	K	A	W	B	B	L	M	H	U	R	M	D	I	E	B	O	L	N	H	X	O	T	I
T	Q	B	P	U	J	G	Q	Q	A	S	H	E	U	O	N	C	N	T	C	Q	F	I	N	D	H	L
N	V	U	J	V	O	F	S	Q	C	R	Q	M	F	Q	I	B	A	W	I	B	B	D	C	O	L	O
G	N	X	O	B	D	S	I	B	W	T	B	O	V	G	L	X	D	M	S	H	Q	Q	J	Z	L	L
F	Z	M	D	P	O	P	X	A	W	K	J	C	O	M	L	D	O	B	J	S	F	R	S	X	P	M
O	D	X	M	Q	I	W	S	I	S	Z	Z	L	I	J	U	W	A	H	A	L	K	X	A	I	U	P
B	I	E	Q	R	C	T	U	Y	S	J	P	E	D	T	F	F	J	Z	O	P	B	V	J	U	L	A
P	W	A	G	F	S	J	A	X	A	I	F	W	X	B	P	N	P	I	L	M	O	J	I	J	V	Z
E	P	Q	R	Z	E	W	S	U	D	W	H	L	V	X	L	Z	I	M	G	Z	I	R	K	U	Z	E
F	T	J	N	G	L	G	N	O	M	T	G	A	R	B	E	T	E	T	E	X	L	K	E	R	B	F
L	R	F	K	A	X	B	I	P	G	A	R	A	W	E	H	P	T	W	K	L	M	S	W	N	N	R
V	R	B	I	H	R	S	W	V	G	B	S	N	L	M	D	N	A	H	Z	E	W	H	N	D	E	H
U	U	Q	H	P	U	T	D	A	E	G	V	W	V	C	R	A	G	J	W	D	E	U	F	M	T	W
U	R	S	B	H	M	O	Q	E	M	Z	I	W	I	S	E	Z	C	B	D	O	A	H	A	L	K	I
O	F	U	X	B	F	E	T	W	O	X	A	N	L	I	D	J	Q	U	M	I	V	R	C	Q	X	J
G	Q	Q	X	H	X	H	D	W	V	L	E	Z	M	O	J	N	V	J	R	H	U	K	X	V	Q	Z
N	C	G	L	J	E	K	L	R	V	M	M	Q	G	Z	L	E	E	N	Q	A	V	K	S	W	M	K
L	B	S	Z	C	J	O	P	O	A	H	X	B	K	A	P	C	Z	F	I	R	Z	I	J	H	V	S
A	C	U	P	A	D	Q	R	U	N	P	B	L	H	L	X	F	O	W	S	E	E	H	I	K	P	I

Always	five	hand	ten
Barb	four	Helpfull	two
Capitain	give	Orange	Welcome
Cinema	go	Red	
find	Green	six	

HOW TO PLAY

A crossword is a word puzzle that usually takes the form of a square or a rectangular grid of white- and black-shaded squares.

The game's goal is to fill the white squares with letters, forming words or phrases, by solving clues, which lead to the answers.

In languages that are written left-to-right, the answer words and phrases are placed in the grid from left to right ("Across") and from top to bottom ("Down").

The shaded squares are used to separate the words or phrases.

CROSSWORD 1

CROSSWORD 1 - Questions

ACROSS

1. question 1: another
3. question 6: motorcycle
6. question 4: how
7. question 5: bike
8. question 9: boat
9. question 10: car

DOWN

2. question 2: test
4. question 7: flying
5. question 8: british
8. question 3: because

CROSSWORD 2

CROSSWORD 2 - Questions

ACROSS

1. question 11: salesman
3. question 14: TV
4. question 19: outdoors
6. question 16: bigcole
9. question 13: weather

DOWN

2. question 12: beautiful
5. question 15: riding
7. question 17: trees
8. question 18: forest
10. question 20: hiking

CROSSWORD 2 - 3 - Questions

ACROSS

1. question 21: camping
3. question 27: bees
4. question 29: wasp
5. question 22: tents
7. question 24: scouting

DOWN

2. question 25: plants
3. question 28: birds
6. question 23: scouts
8. question 26: flowers

CROSSWORD 1 (Solution)

SALESMAN
BEAUTIFUL
TV
OUTDOORS
RIDING
BIG COLE TREES
FORES
WEATHER
IKING

CROSSWORD 2 - 3 (Solution)

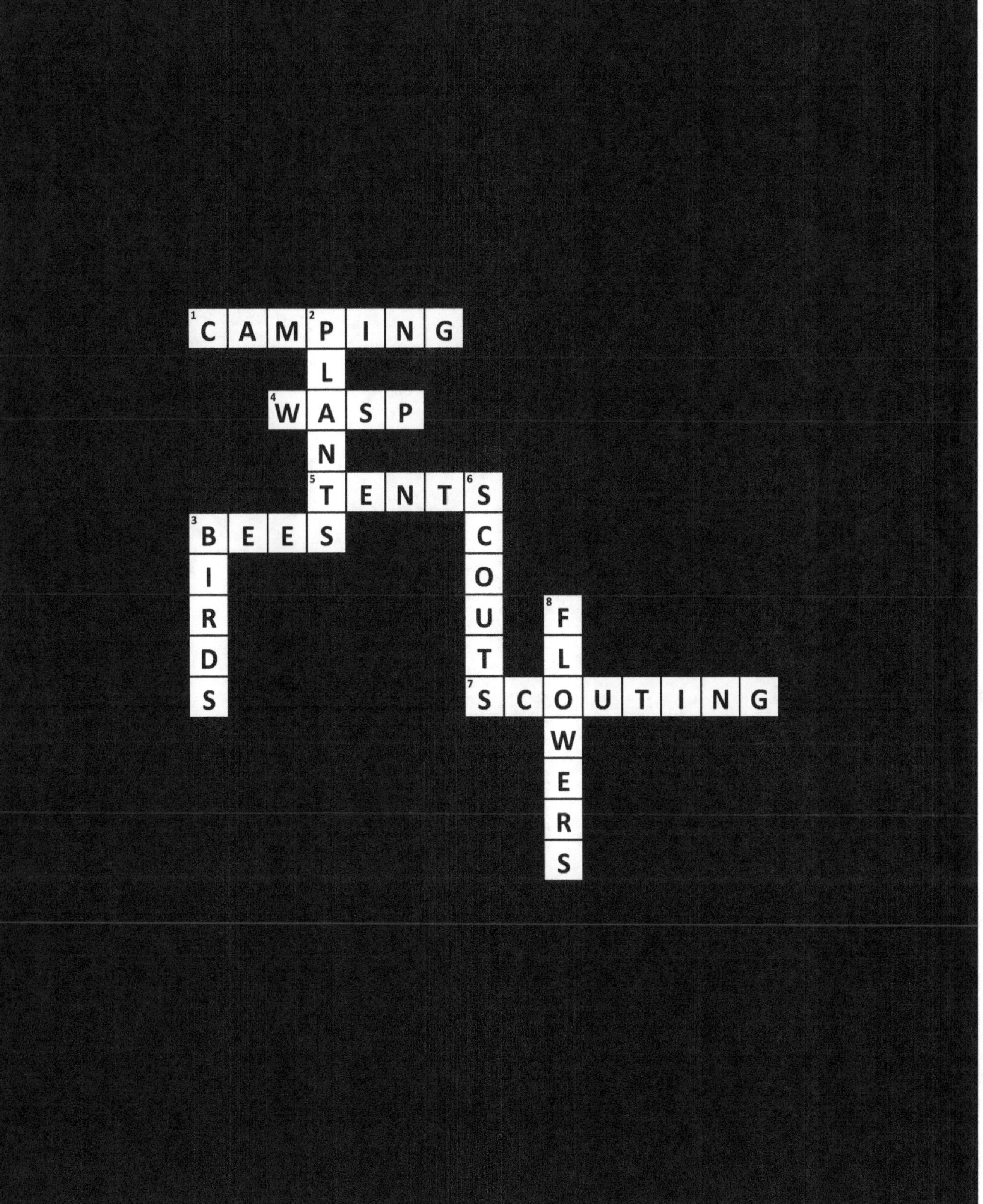